MARCO SEIFRIED

Überraschende Ideen für deinen

KONTAKTGRILL

FOTOGRAFIE: MATHIAS NEUBAUER | COCO LANG

INHALT

Öffnen Sie die Klappen dieses Buches.
Dort finden Sie die wichtigsten Infos zum Thema auf einen Blick!

DAS PRINZIP:
KONTAKTGRILL

DIE PERFEKTE
KOMBI

Immer griffbereit:

SO GEHT'S:
KONTAKTGRILL

Immer griffbereit:

SO GEHT'S:
BURRITOS WICKELN

GU CLOU

Wussten Sie schon, dass …?
Entdecken Sie bei einigen ausgewählten Rezepten ganz besondere Tipps mit verblüffendem Insiderwissen.
Aha-Momente garantiert!

Mit diesem Symbol sind alle vegetarischen Gerichte gekennzeichnet.

Sammeln Ihrer Lieblingsrezepte mit der »GU Kochen Plus«-App (siehe S. 64)

REZEPTKAPITEL

MARCO SEIFRIED

Endlich sind die Zeiten vorbei, in denen sich die Grillsaison auf die Sommermonate beschränkt. Denn egal, bei welchem Wetter und zu welcher Jahreszeit, der aufklappbare Kontaktgrill ist immer einsatzbereit – vorausgesetzt es gibt eine Stromquelle in greifbarer Nähe.

Lohnt sich die Anschaffung eines Kontaktgrills?

Meiner Meinung nach auf jeden Fall: Ob drinnen oder draußen – das Gerät lässt sich eigentlich überall aufstellen und ist im Nu aufgeheizt und einsatzbereit. Weil die Hitze gleichzeitig von unten und von oben kommt, benötigt das Grillgut nur etwa die Hälfte der Garzeit, und es ist kein Wenden notwendig. Außer der üblichen Grillstücke wie Fleisch, Fisch, Geflügel oder Würstchen, gelingen auch Gemüse, Teige und Früchte ganz wunderbar darin – das macht den Kontaktgrill zu einem echten Multitalent.

Was gibt es beim Kauf zu beachten?

Für krosse und schnelle Ergebnisse ist ein Kontaktgrill mit einer Mindestleistung von um die 2000 Watt empfehlenswert. Optimal ist ein Gerät mit herausnehmbaren Heizplatten, das erleichtert hinterher die Reinigung. Mit antihaftbeschichteten Grillflächen brennt so schnell nichts an und sie lassen sich besonders unkompliziert säubern. Für die Rezepte in diesem Küchenratgeber ist eine belegbare Fläche von ca. 20 × 30 cm perfekt. Eine stufenlose Temperaturregelung ist darüber hinaus hilfreich. Hat der Grill auch eine Auffangschale? Das wäre praktisch, denn so kann überschüssiges Fett oder Bratensaft zielsicher hineintröpfeln und es läuft nichts daneben.

Gab es Überraschungen?

Ja, die Zeitersparnis beim Grillen fällt schon verblüffend positiv auf. Angenehm ist auch, dass beim Garen kein lästiger Rauch entsteht und es nicht so spritzt wie beim Braten in der Pfanne. Ein weiterer großartiger Nebeneffekt besteht darin, dass bei der Zubereitung mit dem Kontaktgrill insgesamt weniger Fett benötigt wird. Das heißt, dass man dank der beschichteten Grillplatten ganz nebenbei und unbemerkt die Kalorienaufnahme senken kann.

BLITZ-SANDWICH

- 2 Stück Baguette (à ca. 16 cm)
- 4 TL Kräuterbutter
- 2 Scheiben Putenbrustaufschnitt
- 2 Scheiben Ziegengouda
- 4 dünne Scheiben Tomate
- ½ Bund Rucola

Baguettestücke waagrecht durchschneiden. Brot im zugeklappten Kontaktgrill ca. 2 Min. rösten, herausnehmen. Schnittflächen mit Kräuterbutter bestreichen. Aufschnitt- und Käsescheiben halbieren. Untere Hälften mit Rucola, Tomate, Käse und Aufschnitt belegen. Obere Hälften auflegen, 5–6 Min. auf mittlerer Stufe zugeklappt grillen.

ALLES VEGGIE!

Für 2 Personen • 25 Min. Zubereitung • 8 Min. Grillen • Pro Portion ca. 695 kcal, 16 g E, 54 g F, 36 g KH

GRILL-SALATHERZEN MIT BAGUETTE

SCHNELL

FÜR DAS DRESSING

70 g Salatmayonnaise (Glas)
100 g saure Sahne
2 TL Zitronensaft
1 TL Sojasauce
1 TL Dijon-Senf
2 Knoblauchzehen
Salz, Pfeffer
40 g Parmesan
4 EL Olivenöl

FÜR DIE SALATHERZEN

3 Romana-Salatherzen
6 Scheiben Baguette

AUSSERDEM

4 Kirschtomaten (nach Belieben)

DRESSING: Mayonnaise, saure Sahne, Zitronensaft, Sojasauce und Senf verrühren. Den Knoblauch schälen und durch eine Knoblauchpresse drücken. Die Hälfte unter das Dressing rühren. Mit Salz und Pfeffer würzen. 10 g Parmesan fein reiben und unter das Dressing mischen. Evtl. mit 1–2 TL Wasser flüssiger rühren. Übrigen Knoblauch mit Öl vermischen.

SALATHERZEN: Die Salatherzen waschen, abtropfen lassen, Strunk hauchdünn abschneiden und äußere welke Blätter entfernen. Salatherzen längs halbieren und mit Küchenpapier rundherum gut trocken tupfen. Den Kontaktgrill auf mittlerer Stufe vorheizen. Die Baguettescheiben von beiden Seiten mit insgesamt ca. 2 EL Knoblauchöl bestreichen und auf der unteren Grillfläche verteilen. Kontaktgrill schließen. Brot 3–4 Min. grillen, herausnehmen.

FERTIGSTELLEN: Den Salat mit insgesamt ca. 2 EL Knoblauchöl bestreichen und die Hälfte auf der unteren Grillfläche verteilen. Kontaktgrill schließen. Salat ca. 2 Min. grillen, herausnehmen. Übrige Salathälften ebenso grillen. Salat mit Dressing servieren. Den übrigen Parmesan in feinen Spänen darüberhobeln. Baguette dazu reichen. Nach Belieben mit halbierten Kirschtomaten garnieren.

Für 6 Stück • 25 Min. Zubereitung • 13 Min. Grillen • Pro Stück ca. 285 kcal, 8 g E, 19 g F, 20 g KH

SÜSSKARTOFFEL-BRIE-SANDWICH

SCHNELL

1 Handvoll Feldsalat
2 rote Zwiebeln
1 Süßkartoffel (ca. 450 g)
160 g nicht zu reifer französischer Tortenbrie
5 EL Rapsöl
½ TL mildes Currypulver
Salz, Pfeffer
6 TL Salatmayonnaise
6 TL Wildpreiselbeeren (Glas)
6 Holzspießchen

1 Salat gründlich waschen, trocken schleudern. Zwiebeln schälen und 6 Scheiben (ca. 1 cm dick) abschneiden. Süßkartoffel waschen, dünn schälen, trocken tupfen und quer in 12 Scheiben (ca. 1 cm dick) schneiden. Brie in Scheiben schneiden.

2 3 EL Öl mit Currypulver verrühren. Die Süßkartoffelscheiben mit Curryöl mischen. Zugedeckt kurz beiseitestellen. Den Kontaktgrill auf mittlerer Stufe vorheizen. Zwiebelscheiben mit dem restlichen Öl (2 EL) bestreichen und auf die untere Grillfläche legen. Grill schließen. Zwiebeln 3–4 Min. grillen, herausnehmen.

3 Süßkartoffelscheiben auf der unteren Grillfläche verteilen. Grill schließen. Kartoffeln 7–9 Min. grillen, etwas abkühlen lassen. Die Hälfte der Kartoffelscheiben mit Salz und Pfeffer würzen. Mit Feldsalat, Zwiebeln, Mayonnaise, Brie und Beeren belegen. Übrige Kartoffelscheiben darauf verteilen. Mit Holzspießchen feststecken.

Für 2 Personen • 35 Min. Zubereitung • 12 Min. Grillen • Pro Portion ca. 285 kcal, 8 g E, 17 g F, 25 g KH

RÖSTI-BURGER MIT RUCOLA

EINFACH

250 g vorwiegend festkochende Kartoffeln
1 Schalotte
1 Zweig Thymian
1 EL Mehl
1 Eigelb
Salz, Pfeffer
1 Tomate (ca. 70 g)
25 g Rucola
20 g junger Pecorino
1 ½ EL Olivenöl
2 TL Salatmayonnaise

1 Kartoffeln waschen, schälen, trocken tupfen und grob raspeln. Falls sich dabei Flüssigkeit bildet, diese ausdrücken und abgießen. Schalotte schälen, fein würfeln. Thymian waschen, trocken schütteln. Blättchen abzupfen und mit Kartoffeln, Schalotte, Mehl und Eigelb mischen. Mit Salz und Pfeffer würzen.

2 Grill vorheizen. Tomate waschen und in Scheiben schneiden. Rucola waschen, trocken schütteln und von groben Stielen befreien. Pecorino hobeln oder reiben. Die untere Grillfläche mit Öl bestreichen. Kartoffelmasse in vier Portionen mit Abstand darauf verteilen. Jeweils mit Öl beträufeln. Grill schließen. Puffer 10–12 Min. grillen.

3 Auf die Hälfte der Kartoffelpuffer je 1 TL Mayonnaise und etwas Pecorino geben. Mit je 1–2 Tomatenscheiben belegen, würzen. Rucola und übrige Kartoffelpuffer darauf verteilen. Mit übrigem Pecorino garnieren.

Für 2 Personen • 35 Min. Zubereitung • 10 Min. Grillen • Pro Portion ca. 705 kcal, 21 g E, 42 g F, 57 g KH

QUESADILLAS MIT GUACAMOLE

SOMMER-REZEPT

FÜR DIE GUACAMOLE

1 Knoblauchzehe
1 Frühlingszwiebel
1 Tomate
5 Stängel Koriandergrün
1 große reife Avocado
2–3 TL Limettensaft
Salz
Cayennepfeffer

FÜR DIE QUESADILLAS

50 g Mais (Dose)
50 g Kidneybohnen (Dose)
70 g Cheddar
Salz
Cayennepfeffer
2 Tortillas (Weizenfladen; ca. 24 cm ∅)

TAUSCH-TIPP
Die Zutaten lassen sich in gleichen Mengen durch gewürfelte Paprika, rote Zwiebelwürfel, Kichererbsen aus der Dose und andere gut schmelzende Käsesorten wie Gouda, Edamer oder Mozzarella ersetzen.

GUACAMOLE: Knoblauch schälen und durchpressen. Von der Frühlingszwiebel Wurzeln und welke grüne Teile abschneiden. Frühlingszwiebel waschen und das Grün in Ringe schneiden. Den weißen Teil fein würfeln. Tomate waschen, trocken tupfen, vierteln und entkernen. Fruchtfleisch klein würfeln.

Koriandergrün waschen, trocken schütteln, Blättchen abzupfen und hacken. Avocado längs halbieren und den Kern entfernen. Das Fruchtfleisch mit einem Löffel aus der Schale lösen und mit einer Gabel fein zerdrücken. Fruchtfleisch mit Limettensaft, Knoblauch, der Hälfte von Koriander und Frühlingszwiebelwürfeln mischen. Die Hälfte der Tomatenwürfel unterheben. Mit Salz und Cayennepfeffer würzen.

QUESADILLAS: Mais und Kidneybohnen in ein Sieb geben, waschen, gut abtropfen lassen. Cheddar grob reiben. Kontaktgrill auf mittlerer Stufe vorheizen. Frühlingszwiebelringe, übrige Tomatenwürfel, restlichen Koriander, Mais, Bohnen und Cheddar mischen. Mit Salz und Cayennepfeffer würzen.

Je eine halbe Seite der Tortillas mit der Füllung belegen, dabei einen Rand frei lassen. Unbelegte Hälfte über die Füllung klappen. Eine Quesadilla auf die untere Grillfläche legen. Grill schließen und Quesadilla 3–5 Min. grillen, herausnehmen. Übrige Quesadilla ebenso grillen. Quesadillas je in 2–3 Stücke schneiden und mit Guacamole servieren.

Für 2 Personen • 15 Min. Zubereitung • 6 Min. Grillen • Pro Portion ca. 400 kcal, 16 g E, 16 g F, 44 g KH

MOZZARELLA IN CARROZZA

AUS ITALIEN

80 g Büffelmozzarella
15 g Kapern
1 getrocknete Tomate in Öl
2 Stängel Basilikum
1 Ei (M)
30 ml Milch
Salz, Pfeffer
4 Scheiben Sandwichtoastbrot (à ca. 11 × 11 cm)
2 TL Mehl

1 Mozzarella trocken tupfen und würfeln. Kapern und Tomate abtropfen, trocken tupfen und grob hacken. Basilikum waschen, trocken schütteln, Blätter abzupfen. Etwas Basilikum zum Garnieren beiseitelegen. Ei mit Milch, Salz und Pfeffer verquirlen.

2 Von den Toasts die Rinde dünn abschneiden. Mozzarella, Kapern und Tomate mischen. Käse-Mix auf 2 Toastscheiben verteilen. Dabei einen ca. 2 cm breiten Rand frei lassen. Mit Salz und Pfeffer würzen. Mit je 3–4 Basilikumblättern belegen. Die Ränder mit Eiermilch bestreichen. Übrige Toastscheiben auflegen, die Ränder andrücken.

3 Kontaktgrill auf mittlerer Stufe vorheizen. Sandwiches von beiden Seiten mit je ½ TL Mehl bestäuben, mit Eiermilch bestreichen. Sandwiches auf der unteren Grillfläche verteilen. Grill vorsichtig schließen. Sandwiches 4–6 Min. grillen. Sandwiches diagonal halbieren. Mit übrigem Basilikum garnieren.

Für 2 Personen • 15 Min. Zubereitung • 5 Min. Grillen • Pro Portion ca. 370 kcal, 17 g E, 14 g F, 41 g KH

EGG IN A HOLE

EINFACH

4 Scheiben Sandwichtoastbrot (à ca. 11 × 11 cm)
3 TL Salatmayonnaise
3 TL geriebener Parmesan
1 Tomate
¼ Bund Schnittlauch
2 Eier (M)
Salz, Pfeffer

1 Aus der Mitte von 2 Toastscheiben je einen Kreis (ca. 6,5 cm ∅) ausstechen (z. B. mit einem Glas). Mayonnaise und Parmesan mischen. Tomate waschen, trocken tupfen, in Scheiben schneiden. Schnittlauch waschen, trocken schütteln und in Röllchen schneiden.

2 Die ganzen Toastscheiben und einen Toastkreis je mit der Parmesanmischung bestreichen. Ganze Scheiben mit den ausgestochenen Scheiben belegen und andrücken. Bestrichenen Toastkreis mit dem übrigen Toastkreis belegen und andrücken.

3 Kontaktgrill auf mittlerer Stufe vorheizen. Die beiden doppelten Toastscheiben mit der ausgestochenen Seite nach oben auf der unteren Grillfläche verteilen. Eier einzeln aufschlagen und jeweils in die ausgestochene Mulde im Brot gleiten lassen, Toastkreis dazulegen. Grill schließen. Brote 4–5 Min. grillen. Ei und Tomate würzen und mit Schnittlauch bestreuen. Toastkreis halbieren und dazu reichen.

Für 2 Personen • 30 Min. Zubereitung • 13 Min. Grillen •
Pro Portion ca. 650 kcal, 23 g E, 38 g F, 52 g KH

AUBERGINEN-TAPENADE-PANINI

SOMMER-REZEPT

FÜR DIE AUBERGINEN-PANINI
1 kleine Aubergine (ca. 200 g)
Salz
1 Knoblauchzehe
2 EL Olivenöl
100 g Manchego
1 Tomate (ca. 90 g)
2 Panini (à ca. 100 g)

FÜR DIE TAPENADE
1 Zweig Rosmarin
1 Zweig Thymian
1 Knoblauchzehe
60 g grüne Oliven (entsteint)
1 EL Öl
Salz, Pfeffer

TAUSCH-TIPP
Die grünen Oliven lassen sich durch schwarze ersetzen. Achten Sie bei den dunklen Exemplaren darauf, dass sie nicht mit den Farbstabilisatoren Eisengluconat (E579) und Eisenlactat (E585) eingefärbt sind.

AUBERGINEN-PANINI: Die Aubergine putzen, waschen und längs in ca. 1 cm dicke Scheiben schneiden. Die Scheiben von beiden Seiten mit Salz bestreuen und zugedeckt 10 Min. Wasser ziehen lassen. Den Knoblauch schälen, durch eine Knoblauchpresse drücken und mit Öl verrühren. Den Käse in Scheiben schneiden. Die Tomate waschen, trocken tupfen, in Scheiben schneiden, dabei Stielansätze entfernen.

TAPENADE: Rosmarin und Thymian waschen, trocken schütteln und die Nadeln bzw. Blättchen abstreifen. Knoblauch schälen. Die Oliven mit Rosmarin, Thymian, Knoblauch und Öl im Blitzhacker fein zerkleinern. Mit Salz und Pfeffer würzen.

FERTIGSTELLEN: Kontaktgrill auf mittlerer Stufe vorheizen. Die Auberginenscheiben mit Küchenpapier trocken tupfen und von beiden Seiten mit Knoblauchöl bestreichen. Auberginen auf der unteren Grillfläche verteilen. Grill schließen. Auberginen 4–5 Min. grillen, herausnehmen.

Die Brote waagrecht durchschneiden und auf den Schnittseiten mit Olivenpaste bestreichen. Untere Hälften mit Käse, Tomate und Aubergine belegen. Obere Hälften auflegen. Panini auf der unteren Grillfläche verteilen. Kontaktgrill schließen und Brote 6–8 Min. grillen. Übrige gegrillte Auberginen nach Belieben mit gewürfelten übrigen Tomaten dazuservieren.

Für 2 Personen • 30 Min. Zubereitung • 9 Min. Grillen • Pro Portion ca. 765 kcal, 33 g E, 36 g F, 73 g KH

PORTOBELLO-BURGER

SOMMER-REZEPT

150 g abgetropfte weiße Riesenbohnen (Dose)
2 Zweige Thymian
2 Knoblauchzehen
1 EL Zitronensaft
4 EL Olivenöl
Salz, Pfeffer
2 Portobellopilze (à ca. 120 g; Riesenchampignons)
25 g Rucola
1 kleine rote Zwiebel
2 Burgerbrötchen (z. B. Brioche)
4 Scheiben geräucherter Scamorza

1 Bohnen in ein Sieb abgießen, kalt waschen und abtropfen lassen. Thymian waschen, trocken schütteln, Blätter abzupfen. Knoblauch schälen und durchpressen. Bohnen, die Hälfte von Thymian und Knoblauch, Zitronensaft, 1 EL Öl und 1–2 EL Wasser in einen hohen Rührbecher geben und pürieren. Mit Salz und Pfeffer würzen.

2 Übrigen Thymian, restlichen Knoblauch und übriges Öl (3 EL) mischen. Die Pilze mit einem feuchten Tuch abreiben, Stiele entfernen. Pilzhüte rundherum mit dem Thymianöl bestreichen. Den Rucola verlesen und von groben Stielen befreien, waschen und trocken schütteln. Zwiebel schälen, in dicke Ringe schneiden. Mit etwas Thymianöl bestreichen.

3 Kontaktgrill auf mittlerer Stufe vorheizen. Die Burgerbrötchen halbieren und mit den Schnittflächen auf die untere Grillfläche legen, Grill schließen. Brötchen 1–2 Min. grillen, herausnehmen. Zwiebeln auf die untere Grillfläche legen. Grill schließen. Zwiebeln 2–3 Min. grillen, herausnehmen. Pilze auf die untere Grillfläche legen. Kontaktgrill schließen und die Pilze 3–4 Min. bei mittlerer Hitze grillen.

4 Untere Brötchenhälften jeweils mit etwas Bohnenaufstrich bestreichen. Mit Zwiebeln und Rucola belegen. Heiße Pilze salzen und pfeffern, sofort mit Käse belegen und auf dem Rucola platzieren. Etwas Bohnenaufstrich daraufstreichen. Mit oberen Brötchenhälften bedecken.

SPINAT-BÖREK MIT SCHAFSKÄSE

FÜR GÄSTE

Für 10 Stück • 35 Min. Zubereitung • 24 Min. Grillen • Pro Stück ca. 230 kcal, 9 g E, 14 g F, 16 g KH

300 g Baby-Blattspinat
1 Knoblauchzehe
5 EL Olivenöl
2 Frühlingszwiebeln
200 g Schafskäse (z. B. Feta)
60 g geriebener junger Gouda
Salz, Pfeffer
1 Ei
60 g Joghurt
1 Packung Filoteig (Kühlregal, ca. 250 g, 10 Blätter à 30 × 31 cm)
5 TL dunkler Sesam

TIPP
Möglichst immer 5 Spinat-Börek nebeneinander auf den Kontaktgrill legen und grillen. Teigröllchen nicht einzeln darin zubereiten, da das Gebäck sonst zu flach gedrückt wird und Füllung herausläuft.

1 Spinat waschen, verlesen, trocken schleudern und grob hacken (Bild 1). Knoblauch schälen und durch eine Knoblauchpresse drücken. Mit 1 EL Öl verrühren. Von den Frühlingszwiebeln Wurzeln und welke grüne Teile abschneiden. Frühlingszwiebeln waschen und samt Grün in feine Ringe schneiden. Schafskäse grob zerbröseln. Mit Gouda, Spinat, Knoblauchöl und Frühlingszwiebeln mischen. Mit Salz und Pfeffer würzen. Ei, Joghurt und Salz verrühren.

2 Teigblätter nacheinander mit einer Spitze nach vorn auf die Arbeitsfläche legen. Jeweils mit Joghurtmischung bestreichen (Bild 2) und ½ TL Sesam bestreuen. Ca. ein Zehntel der Füllung über der unteren Spitze länglich auf dem Teig verteilen (Bild 3). Erst die rechte und linke Spitze seitlich über die Füllung schlagen (Bild 4), dann die untere Spitze darüberklappen. Alles von unten zur oberen Spitze hin zu einem Röllchen aufrollen (Bild 5). Sofort rundherum mit Öl bestreichen, da sie sonst an der Unterlage und aneinander festkleben.

3 Kontaktgrill auf mittlerer Stufe vorheizen. 5 Spinat-Börek auf der unteren Grillfläche verteilen. Kontaktgrill schließen, 10–12 Min. bei mittlerer Hitze grillen, herausnehmen (Bild 6). Übrige Spinat-Börek ebenso grillen. Dazu passt mildes Ajvar (Paprikamus) als Dip.

MIT FLEISCH & FISCH

Für 2 Personen • 25 Min. Zubereitung • 21 Min. Grillen • Pro Portion ca. 775 kcal, 41 g E, 37 g F, 72 g KH

KÖFTE IM FLADENBROT

AUS DER TÜRKEI

3 Stängel Petersilie
2 Knoblauchzehen
220 g Rinderhackfleisch
4 TL Tomatenmark
1 TL getrockneter Oregano
Salz, Pfeffer
1 rote Spitzpaprika (ca. 90 g)
3 EL Olivenöl
80 g Bio-Salatgurke
50 g Schafskäse (z. B. Feta)
50 g Joghurt
½ Fladenbrot (ca. 250 g)

1 Die Petersilie waschen, trocken schütteln und die Blätter abzupfen. Die Hälfte der Petersilie hacken. Übrige Blätter beiseitelegen. Knoblauch schälen und durchpressen. Hackfleisch, gehackte Petersilie, ein Drittel des gepressten Knoblauchs, 1 TL Tomatenmark, Oregano, Salz und Pfeffer verkneten. Den Fleischteig mit angefeuchteten Händen zu 6 Röllchen formen. Paprika waschen, längs halbieren und weiße Trennwände und Kerne entfernen. Das Öl mit übrigem Knoblauch verrühren.

2 Kontaktgrill auf mittlerer Stufe vorheizen. Die Gurke waschen, trocken tupfen und klein schneiden. Schafskäse, Joghurt und 1 TL Knoblauchöl mit einer Gabel zu einer Creme zerdrücken. Mit Salz und Pfeffer würzen. Übriges Tomatenmark (3 TL) mit 1 TL Knoblauchöl mischen. Mit Salz und Pfeffer würzen. Das halbe Brot quer halbieren, sodass zwei Viertel entstehen, und auf die untere Grillfläche legen. Grill schließen. Brot 5–7 Min. rösten, herausnehmen.

3 Paprika mit etwas Knoblauchöl bestreichen, auf die untere Grillfläche legen. Grill schließen. Paprika 4–6 Min. grillen, herausnehmen. Mit Salz und Pfeffer würzen, klein schneiden. Köfte mit übrigem Knoblauchöl bestreichen und auf die untere Grillfläche legen. Grill schließen und Köfte 6–8 Min. grillen. In die Brote je waagerecht eine Tasche einschneiden. Untere Hälften erst mit Tomatenmark-Mix, dann mit Käsecreme bestreichen. Mit Paprika, Petersilienblättern, Gurke und Köfte füllen.

GU CLOU

Der Schafskäse wird für dieses Rezept mit Joghurt und Würzöl zu einem Aufstrich verarbeitet. Der sorgt beim Genuss für eine angenehme Cremigkeit. Für die relativ geringe Menge Käsecreme reicht es, alles mit einer Gabel zu zerkleinern, bis die Käsestücke richtig fein zerdrückt sind.

Für 2 Personen • 30 Min. Zubereitung • 1 Std. Ruhen • 9 Min. Grillen •
Pro Portion ca. 460 kcal, 29 g E, 19 g F, 44 g KH

NAAN-BROT MIT LAMM

ORIENTALISCH

FÜR DAS NAAN-BROT
½ TL Zucker
8 g frische Hefe
100 g Weizenmehl (Type 550)
Salz
30 g Joghurt
1 TL Rapsöl

FÜR DAS LAMM
2 Lammfilets (à ca. 80 g)
1 Knoblauchzehe
2 TL Rapsöl

AUSSERDEM
1 kleine Möhre
3 Stängel Koriandergrün
25 g cremige Erdnussbutter
3 EL Joghurt
1 TL Sojasauce
½ TL Currypulver
Pfeffer

TIPP
Hefeteig zum Gehen mit einem angefeuchteten und sauberen Geschirrtuch zudecken, damit er nicht austrocknet.

NAAN-BROT: 40 ml lauwarmes Wasser mit Zucker verrühren. Die Hefe hineinbröckeln und darin auflösen. Das Mehl mit ca. ½ TL Salz in einem hohen Rührbecher mischen. Hefewasser, Joghurt und Öl dazugeben. Alles mit den Knethaken des Handrührgeräts glatt verkneten. Zugedeckt 1 Std. gehen lassen.

LAMM: Fleisch abtupfen. Den Knoblauch schälen, durchpressen und mit dem Öl verrühren. Fleisch darin wenden und zugedeckt 1 Std. bei Raumtemperatur ziehen lassen.

FERTIGSTELLEN: Möhre waschen, schälen und grob raspeln. Koriander waschen, trocken schütteln und Blättchen abzupfen. Erdnussbutter, 2 EL Joghurt, Sojasauce und ¼ TL Currypulver verrühren. Den Hefeteig auf wenig Mehl durchkneten, halbieren und zur Kugel formen. Jede Teigkugel auf einer bemehlten Arbeitsfläche zu einem ovalen Fladen (ca. 13 cm lang) formen.

Den Kontaktgrill auf höchster Stufe vorheizen. Die Teigfladen auf die untere Grillfläche legen. Den Kontaktgrill schließen und Teigfladen 4–5 Min. grillen. Herausnehmen, auf einem Kuchengitter abkühlen lassen. Fleisch auf die untere Grillfläche legen. Kontaktgrill schließen und Fleisch 3–4 Min grillen. Salzen und pfeffern. Fleisch halbieren oder dritteln.

Naan-Brote quer halbieren, aber nicht ganz durchschneiden. Erdnusscreme darauf verstreichen. Mit Möhrenraspeln, Fleisch und etwas Koriander füllen. Mit je ½ EL Joghurt, übrigem Currypulver und übrigem Koriander garnieren.

Für 2 Personen • 35 Min. Zubereitung • 10 Min. Grillen • Pro Portion ca. 600 kcal, 14 g E, 40 g F, 46 g KH

HOT DOG

KLASSIKER

1 Bio-Mini-Salatgurke (ca. 150 g)
Salz
2 EL Weißweinessig
15 g Zucker
70 g Zwiebeln
50 g Butter
2 Hot-Dog-Brötchen (à ca. 65 g)
2 Hot-Dog-Würstchen (à ca. 55 g)
2 TL mittelscharfer Senf
2 EL Tomatenketchup
2 EL Salatmayonnaise

1 Gurke waschen, trocken tupfen, in dünnen Scheiben in einen Topf hobeln. Mit ½ TL Salz bestreuen, kurz ziehen lassen. 1 EL Essig und Zucker dazugeben, aufkochen und ca. 3 Min. dünsten. Abkühlen lassen. 30 Min. kalt stellen. Zwiebeln schälen, vierteln, in dünne Streifen schneiden. Mit Butter, übrigem Essig (1 EL) und 1 EL Wasser im Topf aufkochen. Zwiebeln offen bei kleiner Hitze 20–25 Min. braten, öfter umrühren. Röstzwiebeln auf Küchenpapier entfetten.

2 Grill auf mittlerer Stufe vorheizen. Brötchen auf die untere Grillfläche legen. Grill schließen. Brötchen 3–5 Min. grillen, herausnehmen. Würstchen auf die untere Grillfläche legen, Grill schließen. Würstchen 3–5 Min. grillen. Brötchen längs ein-, aber nicht ganz durchschneiden. Untere Schnittflächen mit Senf bestreichen. Würstchen in die Brötchen legen. Gurken gut abtropfen, danebenlegen. Je 1 EL Ketchup und Mayonnaise darauf verteilen. Mit Zwiebeln bestreuen, zuklappen.

Für 2 Personen • 15 Min. Zubereitung • 6 Min. Grillen •
Pro Portion ca. 585 kcal, 29 g E, 23 g F, 49 g KH

PASTRAMI-SANDWICH

AUS AMERIKA

100 g mildes, gekochtes und gewürztes Sauerkraut (ersatzweise 3-Min.-Sauerkraut)
4 dicke Scheiben Roggensauerteigbrot (à ca. 60 g)
4 TL weiche Butter
4 TL Thousand-Island-Dressing
100 g Pastrami in dünnen Scheiben (geräucherte und gewürzte Rinderbrust)
2 TL Meerrettich (Tube; ungeschwefelt)
2 Scheiben Emmentaler (à ca. 30 g)
2 Cornichons

1 Das Sauerkraut in ein Sieb geben, abtropfen lassen und evtl. leicht ausdrücken. Brotscheiben zuerst mit je 1 TL Butter, dann mit je 1 TL Thousand-Island-Dressing bestreichen.

2 Erst das Sauerkraut auf 2 Brotscheiben verteilen, dann das Pastrami. Pastrami mit je 1 TL Meerrettich bestreichen. Emmentaler auf das Pastrami legen. Die beiden übrigen Brotscheiben mit den bestrichenen Seiten auf die belegten Brotscheiben legen.

3 Den Kontaktgrill auf mittlerer Stufe vorheizen. Die Pastrami-Sandwiches auf die untere Grillfläche legen. Den Kontaktgrill schließen und Sandwiches 4–6 Min. grillen. Pastrami-Sandwiches quer halbieren. Mit Cornichons garnieren.

Für 2 Personen • 15 Min. Zubereitung • 6 Min. Grillen • Pro Portion ca. 440 kcal, 22 g E, 18 g F, 43 g KH

TOAST-HAWAII-SANDWICH

SCHNELL

2 Scheiben Ananas (Dose)
2 Cocktailkirschen
4 Scheiben Sandwichtoastbrot (à ca. 11 × 11 cm)
4 TL weiche Butter
½ TL mildes Currypulver
4 Scheiben Gouda (à ca. 20 g)
2 Scheiben gekochter Schinken (à ca. 20 g)

1 Die Ananasscheiben sowie die Cocktailkirschen getrennt abtropfen lassen und mit Küchenpapier trocken tupfen. Die Sandwichtoastscheiben jeweils mit 1 TL Butter bestreichen. 2 Toastscheiben jeweils mit etwas Curry bestäuben.

2 Den Kontaktgrill auf mittlerer Stufe vorheizen. Die mit Curry bestäubten Toastscheiben mit je 1 Scheibe Gouda und gekochtem Schinken belegen. Anschließend darauf je 1 Scheibe Ananas legen. In das Loch in der Mitte der Ananasscheibe je 1 Cocktailkirsche geben. Ananas mit einer Scheibe Gouda belegen.

3 Die übrigen beiden Toastscheiben mit der mit Butter bestrichenen Seite auf die fertig belegten Toasts legen und leicht andrücken. Gesamte Sandwiches auf der unteren Grillfläche verteilen. Kontaktgrill schließen und Sandwiches 4–6 Min. grillen. Die Toast-Hawaii-Sandwiches diagonal halbieren.

Für 2 Personen • 15 Min. Zubereitung • 12 Min. Grillen • Pro Portion ca. 800 kcal, 25 g E, 32 g F, 103 g KH

CROQUE CAPITAINE

SCHNELL

30 g Cornichons
1–2 Salatblätter
½ kleine rote Zwiebel
2 Stängel Dill
¼ Bio-Apfel
2 TL Zitronensaft
2 Baguettebrötchen (à ca. 16 cm lang)
6 TK-Fischstäbchen (à ca. 30 g)
60 g Remoulade

1 Cornichons längs in dünne Scheiben schneiden oder vierteln. Salat waschen, abtropfen, trocken tupfen, putzen und kleiner zupfen. Zwiebel schälen und in feine Ringe schneiden. Dill waschen, trocken schütteln und Fähnchen abzupfen. Apfel waschen, trocken tupfen und in dünne Scheiben schneiden. Mit Zitronensaft beträufeln.

2 Kontaktgrill auf mittlerer Stufe vorheizen. Brötchen waagrecht durchschneiden und auf die untere Grillfläche legen. Grill schließen. Baguette ca. 2 Min. rösten, herausnehmen und beiseitestellen.

3 Gefrorene Fischstäbchen auf der unteren Grillfläche verteilen. Grill schließen und Fischstäbchen 8–10 Min. grillen. Baguettebrötchen auf den Schnittflächen mit Remoulade bestreichen. Untere Hälften mit Salat, Cornichons und Apfel belegen. Je 3 Fischstäbchen darauf verteilen. Mit Zwiebel und Dill belegen. Obere Brötchenhälften auflegen, evtl. feststecken.

Für 2 Personen • 20 Min. Zubereitung • 1 Std. Ruhen • 10 Min. Grillen •
Pro Portion ca. 285 kcal, 17 g E, 6 g F, 39 g KH

MINI-CALZONE MIT THUNFISCH

KLASSIKER

FÜR DEN HEFETEIG
10 g frische Hefe
100 g Weizenmehl (Type 550)
Salz
1 TL Olivenöl

FÜR DEN BELAG
15 g Tomatenmark
1 TL getrockneter Oregano
1 Knoblauchzehe
Salz, Pfeffer
60 g abgetropfter Thunfisch im eigenen Saft (Dose)
4 grüne Oliven (entsteint)
2 EL geriebener Parmesan (ca. 15 g)

TIPP
Exakt gleich große Teigstücke erhält man, indem man den Teig im Ganzen abwiegt und das Gesamtgewicht durch vier teilt. Teig von der Waage nehmen und anschließend mit den Händen die vier Portionen einzeln abwiegen und zu Kugeln formen.

HEFETEIG: Die Hefe in ca. 50 ml lauwarmem Wasser auflösen. Das Mehl mit ca. ½ TL Salz in einem hohen Rührbecher vermischen. Das Olivenöl und das Hefewasser dazugeben. Alles mit den Knethaken des Handrührgeräts zu einem glatten Hefeteig verkneten. Den Becher mit einem angefeuchteten Stück Küchenpapier abdecken und den Teig darin 1 Std. gehen lassen.

BELAG: Das Tomatenmark mit dem Oregano in ein Schälchen füllen. Den Knoblauch schälen und durch eine Knoblauchpresse dazudrücken. Mit Salz und Pfeffer würzen und gründlich verrühren. Thunfisch evtl. in einem Sieb leicht ausdrücken. Oliven in Scheiben schneiden.

FERTIGSTELLEN: Den Teig auf der mit Mehl bestäubten Arbeitsfläche nochmals durchkneten und in vier Stücke teilen. Die Stücke zu Kugeln formen und auf der mit Mehl bestäubten Arbeitsfläche rund (13–15 cm ∅) ausrollen. Die Teigkreise in der Mitte mit Tomatenmark-Mix bestreichen. Dabei einen ca. 2 cm breiten Rand frei lassen. Je ein Viertel Thunfisch, Oliven und Parmesan darauf verteilen. Die Ränder der Teigkreise mit etwas Wasser anfeuchten und die Kreise zu Halbmonden zusammenklappen. Die Ränder mit den Zinken einer Gabel fest andrücken.

Den Kontaktgrill auf mittlerer Stufe vorheizen. Gesamte Calzone auf der unteren Grillfläche verteilen. Den Kontaktgrill vorsichtig schließen und Calzone 8–10 Min. grillen. Dazu passt Salat.

Für 2 Personen • 30 Min. Zubereitung • 12 Min. Grillen • Pro Portion ca. 705 kcal, 36 g E, 27 g F, 77 g KH

BURRITO MIT SCHWEINEFILET

AUS MEXIKO

FÜR DIE BOHNENPASTE

90 g Kidneybohnen (Dose)
1 Frühlingszwiebel
1 EL saure Sahne
1 TL Tomatenmark
Salz
Cayennepfeffer

FÜR DEN REIS-MIX

1 kleine Tomate (ca. 60 g)
½ Avocado
Salz
Cayennepfeffer
½ EL Olivenöl
1 TL Tomatenmark
60 g gekochter Basmatireis

AUSSERDEM

160 g Schweinefilet
1 EL Olivenöl
Salz
Cayennepfeffer
2 Tortillas (Weizenfladen; ca. 26 cm ∅)
50 g geriebener Pizzakäse
2 EL saure Sahne

BOHNENPASTE: Kidneybohnen in ein Sieb abgießen, waschen, gut abtropfen lassen. Frühlingszwiebel waschen und putzen. Den grünen Teil in feine Ringe schneiden und beiseitestellen. Den weißen Teil grob würfeln. Bohnen, saure Sahne, Frühlingszwiebelweiß und Tomatenmark pürieren. Mit Salz und Cayennepfeffer würzen.

REIS-MIX: Tomate waschen, trocken tupfen, vierteln und entkernen. Fruchtfleisch würfeln. Von der Avocadohälfte den Kern entfernen. Fruchtfleisch aus der Schale lösen und würfeln. Mit Tomate und beiseitegestellten Frühlingszwiebelringen mischen. Mit Salz und Cayennepfeffer würzen. Öl mit Tomatenmark verrühren. Reis untermischen. Salzen.

FERTIGSTELLEN: Das Filet trocken tupfen, in Medaillons (ca. 1,5 cm dick) schneiden und mit 1 EL Öl bestreichen. Den Kontaktgrill auf mittlerer Stufe vorheizen. Die Medaillons auf der unteren Grillfläche verteilen. Kontaktgrill schließen und Medaillons 2–3 Min. grillen, herausnehmen. Medaillons in Streifen schneiden, mit Salz und Cayennepfeffer würzen. Die Tortillas mit Kidneybohnenpaste bestreichen. Mit Käse, Reis-Mix und Avocado-Mix belegen. Fleisch auf den Fladen verteilen. Tortillas falten und aufrollen. Mit der Naht nach unten auf die untere Grillfläche legen. Kontaktgrill schließen. Burritos 7–9 Min. grillen. Burritos quer halbieren und mit je 1 EL saurer Sahne servieren.

OHNE BROT – VOM ROST

Für 2 Personen • 30 Min. Zubereitung • 2 Min. Grillen • 1 Std. Ziehen • Pro Portion ca. 560 kcal, 41 g E, 32 g F, 18 g KH

SOUVLAKI MIT KRAUTSALAT

AUS GRIECHENLAND

FÜR DAS SOUVLAKI

1 Knoblauchzehe
½ Zwiebel
1 EL Zitronensaft
1 TL getrockneter Oregano
1 TL getrocknete Minze
2 EL Olivenöl
4 Minutensteaks aus dem Schweinerücken (à ca. 85 g)
4 Holz-Schaschlikspieße (ca. 20 cm)

FÜR DEN KRAUTSALAT

¼ Zwiebel
½ Knoblauchzehe
350 g Weißkohl
Salz, 1 EL Öl
2 EL Zitronensaft
1 EL Weißweinessig
Pfeffer

FÜR DAS ZAZIKI

1 Bio-Mini-Salatgurke (ca. 140 g)
Salz
½ Knoblauchzehe
¼ Zwiebel
150 g griechischer Sahnejoghurt
Pfeffer

SOUVLAKI: Holzspieße 1 Std. in Wasser einweichen. Knoblauch schälen, durchpressen. Zwiebel schälen, fein reiben und mit Zitronensaft, Knoblauch, Oregano, Minze und Öl mischen. Fleisch abtupfen und in je drei Stücke (ca. 4 cm breit) schneiden. Mit Marinade mischen und zugedeckt 1 Std. kalt stellen.

KRAUTSALAT: Zwiebel schälen und würfeln. Knoblauch schälen und durchpressen. Strunk und äußere Blätter des Kohls entfernen und Kohl in feine Streifen schneiden. Mit ca. ½ TL Salz mischen und kräftig durchkneten. Knoblauch, die Hälfte der Zwiebelwürfel, Öl, Zitronensaft und Essig untermischen. Mit Salz und Pfeffer würzen. Krautsalat zugedeckt ca. 30 Min. ziehen lassen.

ZAZIKI: Gurke waschen, trocken tupfen und quer halbieren. Eine Gurkenhälfte grob reiben. Gurkenraspel in ein Sieb geben, mit ½ TL Salz bestreuen und 5 Min. ziehen lassen. Knoblauch schälen und durchpressen. Zwiebel schälen und fein würfeln. Gurkenraspel gut ausdrücken. Mit Joghurt, Knoblauch und Zwiebeln verrühren. Mit Salz und Pfeffer würzen.

FERTIGSTELLEN: Den Kontaktgrill auf höchster Stufe vorheizen. Fleisch auf die Spieße stecken. Mit Küchenpapier abtupfen. Souvlaki auf die untere Grillfläche legen. Grill schließen, Souvlaki 1–2 Min. grillen. Salzen und pfeffern. Mit Salat und Zaziki anrichten. Übrige Gurke in Scheiben schneiden und Souvlaki damit garnieren.

1

2

3

HÄHNCHEN-SALTIMBOCCA MIT ZUCCHINI

LOW CARB

4

5

6

Für 2 Personen • 30 Min. Zubereitung • 12 Min. Grillen • Pro Portion ca. 495 kcal, 46 g E, 29 g F, 11 g KH

2 schmale Zucchini (à ca. 200 g)
2 Knoblauchzehen
4 EL Olivenöl
½ Bio-Zitrone
1 TL Honig
Salz, Pfeffer
8 Salbeiblätter
2 Hähnchenbrustfilets (à ca. 140 g)
4 dünne Scheiben Parmaschinken (à ca. 15 g)
1 EL gehobelter Parmesan
4 Holzspießchen

1 Die Zucchini waschen, putzen und quer in Scheiben (ca. 1 cm dick) schneiden. Den Knoblauch schälen, durch eine Knoblauchpresse direkt ins Öl drücken (Bild 1) und mischen. Die Zitrone heiß abwaschen, abtrocknen und quer halbieren. Ca. ½ TL Schale abreiben. Saft aus der abgeriebenen Zitronenhälfte auspressen.

2 2 EL Zitronensaft, Zitronenschale, Honig, Salz und Pfeffer verrühren. 1 EL Knoblauchöl unterrühren. Salbei waschen und trocken tupfen. Hähnchenbrustfilets trocken tupfen und jeweils waagrecht durchschneiden (Bild 2), sodass insgesamt 4 dünne Schnitzel entstehen. Jedes Schnitzelchen mit einer Schinkenscheibe umwickeln. Dabei je 2 Salbeiblätter zwischen Schinken und Fleisch stecken. Mit Spießchen feststecken (Bild 3).

3 Den Kontaktgrill auf mittlerer Stufe vorheizen. Zucchinischeiben mit 2 EL Knoblauchöl in einer Schale mischen. Die Hälfte der Zucchini auf der unteren Grillfläche verteilen. Grill schließen, Zucchini 3–4 Min. grillen (Bild 4), herausnehmen. Übrige Zucchini ebenso grillen. Zucchini noch warm mit Honig-Zitronen-Marinade mischen, kurz ziehen lassen. Mit Salz und Pfeffer würzen.

4 Hähnchen mit dem restlichem Knoblauchöl bestreichen. Auf der unteren Grillfläche verteilen. Grill schließen und Hähnchen 3–4 Min grillen (Bild 5). Saltimbocca und Zucchini mit Salz und Pfeffer würzen. Mit Parmesan bestreuen und sofort servieren (Bild 6).

Für 2 Personen • 35 Min. Zubereitung • 1 Std. Ziehen • 8 Min. Grillen •
Pro Portion ca. 175 kcal, 9 g E, 12 g F, 4 g KH

GARNELEN-SPARGEL-PÄCKCHEN

GUT VORZUBEREITEN

100 g rohe geschälte TK-Garnelen
1 Knoblauchzehe
2 EL Olivenöl
1 TL Sojasauce
½ TL edelsüßes Paprikapulver
6 Stangen grüner Spargel (ca. 200 g)
1 Frühlingszwiebel
½ kleine Tomate
Salz, Pfeffer
2 EL trockener Weißwein
2 TL Crème fraîche

1 Garnelen auftauen lassen. Knoblauch schälen und durchpressen. Mit Öl, Sojasauce und Paprika verrühren. Garnelen kalt abspülen, trocken tupfen und untermischen. Zugedeckt ca. 1 Std. ziehen lassen.

2 Spargel waschen und die holzigen Enden abschneiden. Stangen im unteren Drittel schälen und in ca. 4 cm lange Stücke schneiden. Frühlingszwiebel putzen, waschen und in feine Ringe schneiden. Tomate waschen, abtrocknen, entkernen und würfeln. Aus Backpapier 2 Rechtecke (à ca. 26 × 30 cm) zuschneiden.

3 Den Kontaktgrill auf mittlerer Stufe vorheizen. Spargel, Frühlingszwiebel und Tomate mit Garnelen-Mix mischen. Mit Salz und Pfeffer würzen. Mischung auf jedem Stück Backpapier verteilen und mit je 1 EL Wein beträufeln. Papier zu rechteckigen Päckchen zusammenfalten. Mit der Naht nach oben auf die untere Grillfläche legen. Grill schließen. Päckchen 7–8 Min. grillen. Mit Crème fraîche servieren.

Für 2 Personen • 30 Min. Zubereitung • 5 Min. Grillen • 2 Std. Ziehen • Pro Portion ca. 665 kcal, 43 g E, 49 g F, 11 g KH

TERIYAKI-LACHS MIT GURKENSALAT

GUT VORZUBEREITEN

3 EL Teriyakisauce
3 EL geröstetes Sesamöl
2 Lachsfilets mit Haut und ohne Gräten (à ca. 200 g)
1 Frühlingszwiebel
1 Bio-Salatgurke (ca. 450 g)
1 TL fein geriebener Ingwer
2 EL Sojasauce
1 TL Wasabipaste
1 EL Weißweinessig
1 TL brauner Zucker
Salz
4 TL gerösteter ungeschälter Sesam

1 Teriyakisauce mit 1 EL Sesamöl verrühren. Lachs abwaschen, trocken tupfen. Lachs in der Sauce wenden. ca. 2 Std. zugedeckt bei Raumtemperatur ziehen lassen.

2 Die Frühlingszwiebel waschen, putzen und in feine Ringe schneiden. Die Salatgurke waschen, putzen, trocken tupfen und längs halbieren. Kerne mit einem Teelöffel herausschaben. Gurkenhälften längs halbieren und in Stücke (½–1 cm breit) schneiden. Den Ingwer mit Sojasauce, Wasabipaste, Essig und Zucker verrühren. Übriges Sesamöl (2 EL) unterrühren. Marinade mit Gurke und Frühlingszwiebel mischen, zugedeckt kurz ziehen lassen.

3 Kontaktgrill auf mittlere Hitze vorheizen. Den Lachs etwas abtropfen lassen und auf die untere Grillfläche legen. Kontaktgrill schließen. Lachs 4–5 Min. grillen. Gurkensalat salzen. Salat und Lachs mit Sesam bestreuen und servieren.

*Für 2 Personen • 20 Min. Zubereitung • 14 Min. Grillen •
Pro Portion ca. 415 kcal, 7 g E, 36 g F, 15 g KH*

GERÖSTETER BLUMENKOHL

VEGAN

2 EL Weißweinessig
2 TL Zitronensaft
3 TL Agavendicksaft
Salz, Pfeffer
1 Schalotte
3 Stängel Basilikum
2 Stängel Petersilie
20 g getrocknete Tomaten (in Öl)
3 TL Kapern
6 EL Olivenöl
500 g geputzte Blumenkohlröschen (möglichst groß)
1 TL mildes Currypulver

1 Essig mit Zitronensaft, Agavendicksaft, Salz und Pfeffer verrühren. Schalotte schälen, würfeln und unterrühren. Basilikum und die Petersilie waschen, trocken schütteln, Blätter abzupfen und hacken. Tomaten abtropfen lassen und fein würfeln. Kapern hacken. Mit Kräutern und Tomaten unter den Essig-Mix rühren. Evtl. 2–3 EL Wasser zugeben. 3 EL Öl unterschlagen. Mit Salz und Pfeffer würzen.

2 Den Kontaktgrill auf mittlerer Stufe vorheizen. Die Blumenkohlröschen waschen, gut abtropfen und vom Strunk an halbieren. Röschen auf der runden Seite evtl. etwas flacher schneiden.

3 Übriges Öl (3 EL) mit Curry verrühren. Blumenkohl damit bestreichen. Die Hälfte des Kohls mit der flacheren Seite nach unten auf der unteren Grillfläche verteilen. Kontaktgrill schließen, Blumenkohl 6–7 Min. grillen, herausnehmen. Übrigen Blumenkohl ebenso grillen. Kohl mit Salz und Pfeffer würzen und mit Dip servieren.

Für 2 Personen • 30 Min. Zubereitung • 7 Min. Grillen •
Pro Portion ca. 620 kcal, 10 g E, 42 g F, 51 g KH

SMASHED POTATOES

VEGAN

4 vorwiegend festkochende Kartoffeln (à ca. 120 g)
Salz
2 Knoblauchzehen
5 EL Olivenöl
1 kleiner Zweig Rosmarin
4 Stängel Basilikum
80 g getrocknete Tomaten (in Öl)
20 g geschälte Mandeln
1 TL Tomatenmark
1–2 TL Zitronensaft
Pfeffer

1 Kartoffeln waschen, in kochendem Salzwasser 25–30 Min. garen. Knoblauch schälen. ½ Knoblauchzehe durchpressen und mit 2 EL Öl verrühren. 1 Knoblauchzehe hacken. Rosmarin und Basilikum waschen, trocken schütteln, Nadeln bzw. Blätter abzupfen und grob hacken. Mit gehacktem Knoblauch, 2 EL Öl und Salz verrühren.

2 Kontaktgrill auf mittlerer Stufe vorheizen. Tomaten abtropfen lassen. Mandeln auf der unteren Grillfläche verteilen. Grill schließen. Mandeln 3-4 Min. rösten, abkühlen lassen. Tomaten, Mandeln, ½ Knoblauchzehe, übriges Öl (1 EL), Tomatenmark, Zitronensaft und ca. 3 EL Wasser pürieren. Mit Salz und Pfeffer abschmecken.

3 Kartoffeln auf der unteren Grillfläche verteilen. Grill schließen, Kartoffeln flacher drücken. Grill öffnen, Kartoffeln mit Knoblauchöl bestreichen und 5–7 Min. grillen. Smashed Potatoes salzen. Mit rotem Pesto und Kräuter-Mix anrichten.

*Für 2 Personen • 30 Min. Zubereitung • 15 Min. Ziehen • 4 Min. Grillen •
Pro Portion ca. 560 kcal, 32 g E, 44 g F, 11 g KH*

HALLOUMI-ZUCCHINI-PÄCKCHEN MIT GREMOLATA

VEGETARISCH

FÜR DIE GREMOLATA
1 Bio-Zitrone
1 Bund Petersilie
2 Knoblauchzehe
1 Zweig Rosmarin
Pfeffer, Salz

FÜR DIE PÄCKCHEN
2 lange, schmale Zucchini (z. B. grün und gelb; à ca. 200 g)
Salz
250 g Halloumi (Grillkäse)
4 TL Olivenöl
4 Holzspießchen

GUT ZU WISSEN
Gremolata ist ein Würz-Mix aus Italien. Sie können ihn auch mit anderen Kräutern wie z. B. Oregano, Basilikum oder Rucola zubereiten. Selbst beim Zitrusaroma lässt sich mit unterschiedlichen Früchten experimentieren, z. B. mit Orangenschale.

GREMOLATA: Die Zitrone heiß abwaschen, abtrocknen und die Schale fein abreiben. Saft auspressen, kalt stellen. Petersilie waschen, trocken schütteln, abzupfen und fein hacken. Knoblauch schälen, fein hacken. Rosmarin waschen, trocken tupfen, die Nadeln abstreifen und sehr fein schneiden. Mit Zitronenschale, Petersilie, Knoblauch und Pfeffer mischen.

HALLOUMI-ZUCCHINI-PÄCKCHEN: Zucchini waschen, trocken tupfen, putzen und längs halbieren. Von den Zucchini der Länge nach insgesamt acht gleichmäßig dünne Scheiben (ca. 3 mm) abschneiden oder abhobeln. Zucchinischeiben mit Salz bestreuen und 10–15 Min. ziehen lassen, damit sie flexibler werden. Den Halloumi trocken tupfen und in vier gleichmäßige Scheiben schneiden.

Zucchinischeiben mit Küchenpapier trocken tupfen.
Je zwei Scheiben Zucchini über Kreuz aufeinanderlegen. In die Mitte je ca. 1 TL Gremolata geben. 1 Halloumischeibe drauflegen. Überstehende Zucchinischeiben darüber zusammenlegen. Mit Spießchen feststecken.

FERTIGSTELLEN: Grill auf mittlerer Stufe vorheizen. Halloumi-Zucchini-Päckchen mit Öl bestreichen. Mit der Spießchenseite nach unten auf der unteren Grillfläche verteilen. Grill schließen. Päckchen 3–4 Min. grillen. Übrige Gremolata salzen. Die Spießchen entfernen. Päckchen mit etwas Zitronensaft beträufeln und mit Gremolata servieren. Evtl. Zucchinireste kleiner schneiden, mit Öl mischen, 3–4 Min. grillen und würzen.

Für 2 Personen • 30 Min. Zubereitung • 5 Min. Grillen • Pro Portion ca. 605 kcal, 38 g E, 52 g F, 9 g KH

RINDERFILET-SPIESSE MIT SENFCREME

SCHNELL

3 Schalotten
3 Scheiben Frühstücksspeck
2 Gewürzgurken (à ca. 40 g)
300 g Rinderfilet (am besten ein Mittelstück)
2 EL Rapsöl
150 g Crème fraîche
20 g Dijon-Senf
1 TL Meerrettich (Tube; ungeschwefelt)
1 TL flüssiger Honig
Salz, Pfeffer
4 Holz-Schaschlikspieße (ca. 20 cm)

1 Die Holzspieße ca. 1 Std. in kaltem Wasser einweichen. Die Schalotten schälen und in je vier Stücke schneiden. Frühstücksspeck und Gewürzgurken ebenfalls in je vier Stücke schneiden.

2 Das Rinderfilet trocken tupfen und in ca. zwölf Würfel (je 3 cm dick) schneiden. Schalotten, Speck, Gurken und Filet im Wechsel auf die Holzspieße stecken. Speckstücke dabei einmal falten. Rundherum mit Öl bestreichen.

3 Den Kontaktgrill auf höchster Stufe vorheizen. Crème fraîche, Senf, Meerrettich, Honig und 1–2 EL kaltes Wasser glatt verrühren. Mit Salz würzen. Rinderfilet-Spieße auf der unteren Grillfläche verteilen. Kontaktgrill schließen, Filet-Spieße 4–5 Min. grillen. Mit Salz und Pfeffer würzen. Mit Senfcreme servieren.

Für 2 Personen • 45 Zubereitung • 4 Min. Grillen • Pro Portion ca. 535 kcal, 18 g E, 33 g F, 40 g KH

MELONE-TOMATEN-SALAT MIT FETA

VITAMINREICH

¼ Stück Wassermelone (ca. 800 g)
Salz
1 Schalotte
200 g Kirschtomaten (z. B. rote und gelbe)
1 Bio-Mini-Salatgurke (ca. 150 g)
150 g Schafskäse (z. B. Feta)
3 Stängel Minze
4 EL Olivenöl
3 TL Weißweinessig
1 TL Senf
1 TL Honig
Pfeffer

1 Wassermelone quer in 2 cm dicke Scheiben schneiden. Mit Salz bestreuen, ca. 10 Min. ziehen lassen. Schalotte schälen, halbieren und in Würfel schneiden. Tomaten waschen und vierteln. Gurke waschen, längs halbieren, entkernen und in Stücke schneiden.

2 Schafskäse würfeln. Minze waschen, trocken schütteln, Blätter abzupfen. Die Hälfte der Minze fein hacken. Melone kalt abwaschen, mit Küchenpapier trocken tupfen und mit 2 EL Öl bestreichen. Grill auf höchster Stufe vorheizen. Essig, Senf, Honig, gehackte Minze, Salz und Pfeffer verrühren. Übriges Öl (2 EL) unterschlagen.

3 Melone auf der unteren Grillfläche verteilen. Grill schließen. Melone 3–4 Min. grillen, kurz abkühlen lassen. Schale abschneiden, Fruchtfleisch klein schneiden. Melone, Schalotte, Tomaten, Gurke und Feta mischen. Mit Dressing beträufeln. Mit Salz und Pfeffer würzen. Mit übriger Minze garnieren.

SÜSSES

Für 2 Personen • 35 Min. Zubereitung • 2 Std. Ziehen • 5 Min. Grillen • 10 Min. Backen • Pro Portion ca. 730 kcal, 8 g E, 35 g F, 69 g KH

BRATAPFEL-TASCHEN

WINTER-REZEPT

20 g Rosinen
2 EL Rum
2 Platten TK-Blätterteig (à ca. 75 g)
1 mittelgroßer Apfel
1 EL Zitronensaft
1 TL Zucker
½ TL Zimtpulver
50 g Marzipanrohmasse
1 Eigelb
1 TL Puderzucker
2 Kugeln Vanilleeis
Mehl zum Arbeiten

GUT ZU WISSEN
Köstliche Äpfel machen das Gebäck unwiderstehlich: Schön säuerlich, aromatisch und mürbe, aber nicht mehlig sind z. B. die Apfelsorten Boskop, Cox Orange, Elstar und Gravensteiner.

1 Rosinen heiß waschen, gut abtropfen lassen. Mit Rum mischen, zugedeckt ca. 2 Std. bei Raumtemperatur ziehen lassen. Teigplatten nebeneinander auf eine mit Mehl bestäubte Arbeitsfläche legen und 15 Min. auftauen lassen.

2 Apfel schälen und zwei Scheiben (ca. 1,5 cm dick) aus der Mitte abschneiden. Das Kerngehäuse in der Mitte herausstechen. Apfel mit Zitronensaft beträufeln. Zucker und Zimt mischen und die Apfelscheiben damit rundum bestreuen. Den Kontaktgrill auf mittlerer Stufe vorheizen. Apfelscheiben auf die untere Grillfläche legen. Grill schließen. Apfel 3–5 Min. grillen, herausnehmen und kurz abkühlen lassen. Rosinen abtropfen, trocken tupfen. Marzipan klein würfeln.

3 Teigplatten einzeln auf wenig Mehl ausrollen (ca. 14 × 20 cm). Apfelscheiben quer halbieren. Jede Teigplatte auf der oberen Hälfte flach mit Marzipan, Rosinen und Apfel belegen. Dabei einen ca. 2 cm breiten Rand frei lassen. Mit übrigem Zimt-Zucker bestreuen. Rand mit Eigelb bestreichen. Die unteren Teighälften darüberklappen. Rand mit einer Gabel andrücken. Teigtaschen an der Oberseite öfter mit einer Gabel einstechen.

4 Kontaktgrill auf mittlerer Stufe vorheizen. Apfeltaschen auf die untere Grillfläche legen. Grill vorsichtig schließen. Apfeltaschen 8–10 Min. backen, kurz abkühlen lassen. Mit Puderzucker bestäuben. Mit Eis anrichten.

Für 2 Personen • 25 Min. Zubereitung • 8 Min. Backen • Pro Portion ca. 700 kcal, 13 g E, 25 g F, 106 g KH

WAFFELN MIT KIRSCHKOMPOTT

FÜR KINDER

250 g entsteinte TK-Sauerkirschen
35 g Gelierzucker (1:1)
¼ TL Zimtpulver
40 g Butter
125 g Weizenmehl (Type 550)
40 g Zucker
1 TL Backpulver
65 ml Milch
1 Ei
1 TL Öl zum Bestreichen
Puderzucker zum Bestäuben (nach Belieben)

1 Die Kirschen in einem Topf mit Gelierzucker und 1 EL Wasser mischen und antauen lassen. Zimt dazugeben und zum Kochen bringen. Unter Rühren 4 Min. köcheln. Abkühlen lassen.

2 Die Butter bei kleiner Hitze zerlassen. Etwas abkühlen lassen. Das Mehl mit dem Zucker und dem Backpulver vermischen. Die Milch mit dem Ei und der Butter unterrühren. Den Kontaktgrill auf mittlerer Stufe vorheizen.

3 Die Grillflächen mit etwas Öl bestreichen. 4 EL Teig mit reichlich Abstand auf die untere Grillfläche geben. Den Kontaktgrill schließen und Waffeln 3–4 Min. backen. Zwischendurch die Waffeln um 90° drehen, damit ein Waffelmuster entsteht. Waffeln auf einem Kuchengitter abkühlen lassen. Aus dem übrigen Teig ebenso vier runde Waffeln backen. Mit Kompott und nach Belieben mit Puderzucker bestäubt servieren.

Für 2 Personen • 15 Min. Zubereitung • 8 Min. Grillen • Pro Portion ca. 290 kcal, 9 g E, 11 g F, 38 g KH

ARME RITTER

FÜR KINDER

½ Vanilleschote
1 Ei
3 EL Milch
3 TL Puderzucker
Salz
4 TL Pflaumenmus
4 Scheiben Rosinenbrot
2 TL Mehl
1 EL Mandelstifte

1 Die Vanilleschote längs aufschlitzen und das Mark herausschaben. Vanillemark, Ei, Milch, 2 TL Puderzucker und 1 Prise Salz in einem tiefen Teller verquirlen. Je 1 TL Pflaumenmus auf 2 Brotscheiben verteilen. Dabei rundherum einen Rand frei lassen. Frei gelassene Ränder mit Eiermilch bestreichen. Übrige Brotscheiben mit Eiermilch bestreichen. Scheiben mit der bestrichenen Seite darauflegen. Brot an den Rändern gut andrücken.

2 Kontaktgrill auf mittlerer Stufe vorheizen. Die Brotscheiben von beiden Seiten mit je ½ TL Mehl bestäuben und rundherum öfter mit Eiermilch bestreichen. Mandelstifte auf der unteren Grillfläche verteilen. Kontaktgrill schließen. Mandeln 1–2 Min. rösten, abkühlen lassen. Arme Ritter auf der unteren Grillfläche verteilen. Kontaktgrill schließen. Brotscheiben 4–6 Min. bei mittlerer Hitze grillen. Arme Ritter diagonal halbieren. Mit Mandelstiften und je 1 TL Pflaumenmus verzieren. Mit übrigem Puderzucker (1 TL) bestäuben.

Für 2 Personen • 15 Min. Zubereitung • 14 Min. Grillen • Pro Portion ca. 490 kcal, 6 g E, 30 g F, 48 g KH

GEGRILLTE SCHOKOBANANE

SCHNELL

2 reife Bio-Bananen (à ca. 170 g)
35 g Vollmilch-Schokolade
20 g Walnusskerne
1 TL Honig
100 g Sahne

1 Kontaktgrill auf mittlerer Stufe vorheizen. Bananen mitsamt Schale mit lauwarmem Wasser waschen und mit Küchenpapier trocken tupfen. Schokolade in Stücke brechen.

2 Walnusskerne auf der unteren Grillfläche verteilen. Kontaktgrill schließen und Nüsse 4–5 Min. bei mittlerer Hitze rösten. Nüsse in einem Schälchen mit Honig vermischen und abkühlen lassen. Bananen auf die untere Grillfläche legen. Kontaktgrill schließen. Bananen 7–9 Min. bei mittlerer Hitze grillen.

3 Bananen auf Teller legen und der Länge nach aufschneiden. Schale etwas beiseiteschieben, sodass man gut an das Fruchtfleisch kommt. Schokostücke sofort auf dem warmen Fruchtfleisch verteilen und schmelzen lassen. Mit Walnüssen belegen. Sahne steif schlagen und als Klecks dazugeben.

Für 6 Stück • 35 Min. Zubereitung • 1 Std. Ruhen • 14 Min. Backen • Pro Stück ca. 165 kcal, 3 g E, 5 g F, 25 g KH

ZIMTGEBÄCK-SPIESSE

FÜR GÄSTE

60 ml Milch
10 g frische Hefe
105 g Weizenmehl (Type 550)
+ mehr zum Arbeiten
35 g Zucker
¼ TL gemahlener Kardamom
Salz
35 g weiche Butter
1 TL Zimtpulver
30 g Puderzucker
3–4 TL Rum (ersatzweise Wasser oder Milch)
6 Holz-Schaschlikspieße (ca. 20 cm)

1 Milch lauwarm erwärmen. Hefe darin auflösen. 100 g Mehl, 10 g Zucker, Kardamom und 1 Prise Salz in einer Rührschüssel mischen. Hefemilch mit 10 g Butter dazugeben. Alles mit den Knethaken des Handrührgeräts glatt verkneten. Teig zugedeckt ca. 1 Std. gehen lassen.

2 Übrige Butter, restlichen Zucker, Zimt und übriges Mehl mit einer Gabel verkneten. Hefeteig erneut durchkneten. In 18 Stücke teilen, zu Kugeln formen und auf der mit Mehl bestäubten Arbeitsfläche rund (ca. 6 cm ∅) ausrollen. Jeweils etwas Zimtfüllung in der Mitte platzieren. Teigkreise erst zur Hälfte, dann locker zu einem Viertel umklappen.

3 Grill auf mittlerer Stufe vorheizen. Je drei Teigstücke aufspießen. 3 Spieße auf der unteren Grillfläche verteilen. Grill schließen. Spieße 5–7 Min. backen, herausnehmen. Übrige Spieße ebenso backen. Puderzucker und Rum verrühren. Guss in einen Gefrierbeutel füllen, eine kleine Ecke abschneiden. Guss auf das Gebäck spritzen. Trocknen.

Für 2 Personen • 35 Min. Zubereitung • 4 Std. 15 Min. Einfrieren • 3 Min. Grillen • Pro Portion ca. 605 kcal, 5 g E, 14 g F, 108 g KH

GRILL-ANANAS MIT KOKOSEIS

VEGAN

1 Dose Kokosmilch (400 g)
1 reife Ananas (ca. 1,2 kg)
80 g Agavendicksaft
1 TL brauner Rum (ersatzweise Zitronensaft)
1 TL abgeriebene Bio-Zitronenschale
2 EL Rapsöl
10 g gehackte Pistazien zum Bestreuen

1 Die Kokosmilch ca. 15 Min. ins Tiefkühlfach stellen. Die Ananas vom Schopf befreien und den Stielansatz wegschneiden. Ananas schälen und quer halbieren. Von den Hälften insgesamt vier schöne große Scheiben (je 1,5–2 cm dick) abschneiden und jeweils den Strunk in der Mitte herausschneiden. Die Ananasringe zugedeckt kalt stellen. Vom restlichen Ananasfruchtfleisch 200 g abwiegen und in Stücke schneiden.

2 Die Ananasstücke (ca. 200 g) in einen hohen Rührbecher geben. Den festen Teil der Kokosmilch entnehmen. 80 g davon abwiegen. Mit 60 g Agavendicksaft und Rum zu den Ananasstücken geben und alles pürieren. Übrige Kokosmilch anderweitig verwenden. Eismasse in einen flachen Behälter mit Deckel (ca. 15 × 15 cm) füllen und ca. 4 Std. zugedeckt einfrieren. Dabei alle 30–45 Min. mit einer Gabel gut durchrühren, besonders am Rand.

3 Bio-Zitronenschale mit Rapsöl verrühren. Kontaktgrill auf höchster Stufe vorheizen. Ananasscheiben rundherum mit Zitronenöl bestreichen. Ananasringe auf der unteren Grillfläche verteilen. Kontaktgrill schließen und Ananasringe 2–3 Min. grillen. Ananas mit übrigem Agavendicksaft (20 g) beträufeln. Vom Kokoseis Kugeln abstechen und mit den gegrillten Ananasscheiben auf Tellern anrichten. Mit Pistazien bestreuen.

REGISTER

Vegetarische Rezepte, die im Buch mit einem 🌢 gekennzeichnet sind, sind hier grün abgesetzt.

A/B/C

E/F

G/H

K/L

Abkürzungsverzeichnis:
E = Eiweiß
EL = Esslöffel (gestrichen)
F = Fett
kcal = Kilokalorien
KH = Kohlenhydrate
Msp. = Messerspitze
Pck. = Päckchen
TK = Tiefkühl
TL = Teelöffel (gestrichen)
Ø = Durchmesser

LIEBE LESERINNEN UND LESER,

wir wollen Ihnen mit diesem Buch Informationen und Anregungen geben, um Ihnen das Leben zu erleichtern oder Sie zu inspirieren, Neues auszuprobieren. Wir achten bei der Erstellung unserer Bücher auf Aktualität und stellen höchste Ansprüche an Inhalt und Gestaltung. Alle Anleitungen und Rezepte werden von unseren Autoren, jeweils Experten auf ihren Gebieten, gewissenhaft erstellt und von unseren Redakteur*innen mit größter Sorgfalt ausgewählt und geprüft.

Haben wir Ihre Erwartungen erfüllt? Sind Sie mit diesem Buch und seinen Inhalten zufrieden? Wir freuen uns auf Ihre Rückmeldung. Und wir freuen uns, wenn Sie diesen Titel weiterempfehlen, in Ihrem Freundeskreis oder bei Ihrem Online-Kauf.

Sollten wir Ihre Erwartungen so gar nicht erfüllt haben, tauschen wir Ihnen Ihr Buch jederzeit gegen ein gleichwertiges zum gleichen oder ähnlichen Thema um.

KONTAKT ZUM LESERSERVICE

GRÄFE UND UNZER VERLAG
Grillparzerstraße 12
81675 München
www.gu.de

IMPRESSUM

GU ist eine eingetragene Marke der GRÄFE UND UNZER VERLAG GmbH, www.gu.de

ISBN 978-3-8338-8664-5
2. Auflage 2023

Projektleitung: Monika Greiner
Lektorat: Margarethe Brunner
Korrektorat: Waltraud Schmidt
Gesamtgestaltung: Independent Medien-Design, München
Umschlaggestaltung: ki36 Editorial Design, Sabine Krohberger, München
Herstellung: Gloria Schlayer
Satz: Eberl & Koesel Studio GmbH
Reproduktion: medienprinzen GmbH
Druck und Bindung: Firmengruppe APPL, aprinta druck, Wemding

GRÄFE UND UNZER

Ein Unternehmen der
GANSKE VERLAGSGRUPPE

DER AUTOR

Marco Seifried ist gelernter Koch, Diplom-Oecotrophologe und begeisterter Kochbuchautor. Er war lange für einen großen Hamburger Verlag als Food-Redakteur tätig und arbeitet heute als freier Food-Journalist für renommierte Zeitschriften und Verlage.

DER FOTOGRAF

Mathias Neubauer ist Food-Fotograf und arbeitet für internationale Buchverlage. Zusammen mit Manuel Weyer (Foodstyling) hat er die Vorzüge des Kontaktgrills entdeckt und die vielseitigen Gerichte perfekt in Szene gesetzt.

Bildnachweis:
Mathias Neubauer: S. 06-59 und Stepfotos auf den Klappen; Coco Lang: S. 01, 05 und Stillleben auf den Klappen; Jan C. Brettschneider: Cover; privat: S. 04 Autorenfoto

Umwelthinweis:
Nachhaltigkeit ist uns sehr wichtig. Der Rohstoff Papier ist in der Buchproduktion hierfür von entscheidender Bedeutung. Daher ist dieses Buch auf PEFC-zertifiziertem Papier gedruckt. PEFC garantiert, dass ökologische, soziale und ökonomische Aspekte in der Verarbeitungskette unabhängig überwacht werden und lückenlos nachvollziehbar sind.

Syndication: www.seasons.agency

Die GU-Homepage finden Sie unter www.gu.de

DIE »GU KOCHEN PLUS«-APP

1 APP HERUNTERLADEN

Laden Sie die kostenlose »GU Kochen Plus«-App im Apple App Store oder im Google Play Store auf Ihr Smartphone. Starten Sie die App und wählen Sie Ihren Küchenratgeber aus.

2 REZEPTBILD SCANNEN

Scannen Sie das gewünschte Rezeptbild mit der Kamera Ihres Smartphones. Klicken Sie im Display die Funktion Ihrer Wahl.

3 FUNKTIONEN NUTZEN

Sammeln Sie Ihre Lieblingsrezepte. Speichern und verschicken Sie Ihre Einkaufslisten. Oder nutzen Sie den praktischen Supermarkt-Finder und den Rezept-Planer.